AF284577

Das Berchtesgadener Land lieben lernen

Der perfekte Reiseführer für einen unvergesslichen Aufenthalt im Berchtesgadener Land inkl. Insider-Tipps, Tipps zum Geldsparen und Packliste

Emma Lauterbach

✈ INHALT

Das erwartet Sie in diesem Buch

Sobald man die Berge am Horizont mit dem Auge erkennt, die Frische der Täler auf der eigenen Haut spürt und die wärmenden Strahlen der Sonne wahrnimmt, weiß man, an einem atemberaubenden Fleckchen der Welt angekommen zu sein. Kennen Sie diese Gefühle? Wollen Sie genau das erleben und aus dem tristen und monotonen Alltag fliehen? Dann haben Sie beim Kauf dieses Buches die richtige Entscheidung getroffen. Natürlich birgt ein Urlaub in jeglicher Hinsicht eine gewisse Flucht aus dem Gewöhnlichen, jedoch eignet sich das Berchtesgadener Land mit seiner Fülle an Möglichkeiten, von ruhigen Almen bis hin zu aufregenden Abenteuern im freien Gelände, einmal mehr dazu, den Alltag hinter sich zu lassen und für den Moment in eine fantastische Märchenwelt einzutauchen. Um diese Möglichkeiten soll es in diesem Buch gehen.

Sie erfahren das facettenreiche Angebot des Berchtesgadener Landes, wie man sich am besten fortbewegt, Ideen für unterschiedlichste Alters- und Interessengruppen und wie ein echter Genießer lebt. Denn nur durch Genießen kann unser Gemüt alles fallen lassen und die Seele endlich baumeln lassen.

Die Region im Wandel der Zeit

GESCHICHTE

Bevor Sie in eine Stadt oder eine Region reisen, lohnt sich ein Blick in die Geschichtsbücher. Für einen respektvollen Umgang kann ein geschichtliches Hintergrundwissen von großer Bedeutung sein und auch in der einen oder anderen alltäglichen Situation vereinfacht er den Umgang mit Einheimischen.

Das Berchtesgadener Land bildet den südöstlichsten Teil der Bundesrepublik Deutschland und ist durch seine keil-artige, geografische Form im Osten, Süden und Westen von Österreich umgeben.

Innerhalb des Landkreises Berchtesgadener Land stellt es – neben der voralpinen und alpinen Region – die hochalpine Region dar. Hierzu zählen die Gemeinden Bischofswiesen, Ramsau bei Berchtesgaden, Marktschellenberg, Schönau am Königssee und Berchtesgaden.

Vor rund 4000 Jahren tauchten hier erste Spuren menschlichen Daseins auf, jedoch konnte eine erste Siedlung erst im ersten Jahrhundert v. Chr. nachgewiesen werden. Ab dem frühen Mittelalter gehörte das Berchtesgadener Land zum Stammesherzogtum Bayern. Der Hauptort Berchtesgaden wurde erstmals im Jahre 1102 erwähnt. Nach Funden von Salzquellen wurde die Region 1555 durch einen vorteilhaften Vertrag, der beinhaltete, dass das gewonnene Salz nur in die restlichen Gebiete Bayerns geliefert werden dürfe, enger an dieses gebunden. Mit der Säkularisation und zwischenzeitlicher österreichischer und napoleonischer Herrschaft kam das Berchtesgadener Land endgültig zum Königreich Bayern. Nach der Machtergreifung der Nationalsozialisten erklärte der oberste Führungsstab den Obersalzberg, heute ein Ortsteil von Berchtesgaden, als Sperrgebiet, in dem viele

Staatsgäste Hitlers empfangen wurden. Als Aufarbeitung der Gräueltaten des Nationalsozialismus wurde auf dem Gebiet des Obersalzbergs 1999 ein Dokumentationszentrum errichtet, welches heute zusätzlich Touristen aus aller Welt anzieht.

BEWOHNER UND LEBEN

Sie wissen nun, welchen – teilweise empfindlichen – Hintergrund die Geschichte des Berchtesgadener Landes in sich trägt, was im Umgang mit diesem sicherlich hilfreich ist.

Die Bewohner der Region leben heute einerseits von der Land- und Almwirtschaft, zu großen Teilen jedoch auch vom Tourismus. Dadurch zeigt sich die Bevölkerung in einer gewissen Weise sehr authentisch in Bezug auf das Leben auf der Alm und der Produktion von daraus gewonnenen Lebensmitteln und natürlich auch sehr gastfreundlich. Die Herzlichkeit ist bei jedem Gastwirt und vom Pensionsgastgeber bis hin zum Hotelier zu spüren und somit sieht man im Berchtesgadener Land den funktionierenden Einklang der Vergangenheit und der Zukunft voranschreiten. Im Sommer lässt es sich auf den vielen zu Fuß erreichbaren Hütten und Almen entspannt leben, bei einem Glas Weißbier oder einfach einer kühlen alkoholfreien Erfrischung nach einer kleinen Wanderung. So gut wie nirgendwo gelingt hier, in einem Stück Zivilisation inmitten atemberaubender Natur, das Annähern von Touristen und Einheimischen. Denn auch sie nutzen die perfekten Gegebenheiten, um nach dem Alltag in die Natur zu fliehen und das Leben zu genießen. Auch wenn sich der eine oder andere, der vom Tourismus lebt, bemühen mag, hochdeutsch zu reden, wird Ihnen sicher ein gewisser westmittelbairischer Dialekt auffallen, der aber wie angegossen zu den Menschen im Berchtesgadener Land passt und darüber hinaus natürlich auch zum alpinen Ambiente. Weiterhin ist die Bevölkerung sehr darauf bedacht, heimatliche Traditionen und christliche Brauchtümer, wie beispielsweise das Weihnachtsschießen, zu bewahren.

Durch die geografische Lage und die damit einhergehende Umrahmung durch Berge auf allen Seiten ist die Bevölkerung des Berchtesgadener Landes anfällig für den Stoff von Sagen und Mythen. Allen voran und vermutlich deutschlandweit bekannt ist das Watzmann-Massiv, das gewissermaßen zum

Wahrzeichen der Region geworden ist. Hier werden die Gipfel als versteinerte Köpfe einer grausamen Königsfamilie beschrieben.

Weiterhin versteht sich Berchtesgaden – vor allem auch im Winter – als Vorreiter des sanften Tourismus'. Mit einer Vielzahl von kleinen Skigebieten entschleunigt die Region den Massentourismus am Berg im Winter erfolgreich und öffnet auch hier seine geselligen und urigen Hütten, wie man sie nur noch aus grauer Vorzeit kennt. Gut und gern kann man während eines Aufenthalts auf einen freudigen Ziehharmonikaspieler treffen, der die Stimmung auf der Hütte erst so richtig gemütlich machen kann.

Alles in allem ist die Bevölkerung der Region Berchtesgadener Land sehr leidenschaftlich und voller Freude dabei, seinen Gästen den Aufenthalt so unvergesslich wie möglich zu machen, was bei ihrer Lebensweise und Umgebung einfach zauberhaft gelingt.

Orte und Erlebnisse

SEHENSWÜRDIGKEITEN

Im Folgenden werden Ihnen nicht alle, aber die schönsten und beeindruckendsten Sehenswürdigkeiten und Bauwerke der Region vorgestellt. Je nach Dauer des Aufenthalts und nach Interesse werden Sie sicher einiges für sich entdecken können, was Ihnen nachhaltig im Gedächtnis bleiben wird.

Nationalparkzentrum Haus der Berge
Das 2013 eröffnete neue Zentrum des Nationalparks Berchtesgaden wirbt mit dem Motto „Natur mit allen Sinnen erleben" und hier wird Ihnen nicht zu viel versprochen. Mit „allen Sinnen" wurde hier auf

keinen Fall eine Übertreibung benutzt, denn hier kann man die Natur des Berchtesgadener Landes hören, riechen, sehen, tasten und sogar schmecken. Und nicht nur um einzigartige Natur geht es hier, sondern auch um den Faktor Mensch im Gebirge, der sich in den letzten Jahrzehnten immer wichtiger zeigt. Diese Attraktion hat den weiteren Vorteil, dass sie ein gewinnbringendes Ausflugsziel zu jedem Wetter ist. Die Dauerausstellung „Vertikale Wildnis" ist ein großes Highlight und ein absolutes MUSS für Sie als Touristen. Sowohl mit seinem Außenbereich samt Panoramaweg und atemberaubenden Ausblicken auf die Berge Jenner, Hochkalter und Watzmann als auch mit dem mehrstöckigen Innenbereich mit interaktiver Information ist das Haus der Berge zu erkunden; und dabei sind praktisch keine Grenzen gesetzt. Im imposant gestalteten Foyer des Hauses beginnt Ihr Abenteuer zwischen Klängen der Natur und visualisierten Vegetationsabläufen. Nicht nur über den Nationalpark Berchtesgaden können Sie sich hier informieren, sondern auch über ganz andere dieser Art in der ganzen Welt. Natürlich bleibt aber das Hauptthema die Region und so können Sie hier Ihre ersten Eindrücke über die

Bedeutung des Parks für eine ganze Nation sammeln.

Der Innenraum des Nationalparkzentrums birgt zahlreiche Entdeckungen auf ca. 1.000 m². Wie auf einer Wanderung durchschreiten Sie in der Dauerausstellung „Vertikale Wildnis" verschiedenste Vegetationszonen und steigen stetig bergan – nicht nur signitiv, sondern auch tatsächlich erreichen Sie die oberen Geschosse des Hauses. Während Ihrer Tour ändern sich Raumeindrücke von Minute zu Minute und diverseste Licht- und Toninszenierungen lassen jeden wiederholten Besuch zu einem ganz neuen Erlebnis entstehen. Insgesamt können Sie zwischen drei Audiorouten wählen, auf denen Ihnen jeweils ein entsprechender Audioguide zur Verfügung gestellt wird. Natürlich ist dies keine Entweder-oder-Entscheidung, sondern Sie können ganz entspannt jede der einzelnen Routen nacheinander bestreiten.

In der ersten geht es vor allem um die Bewohner der Bergwelten im Berchtesgadener Land und Ihre verborgenen Einzelheiten, wie die Lebensweisen der Tiere oder allgemeine Eigenschaften, die sich die Fauna in der Region über Jahrmillionen angeeignet hat.

In Audioroute 2 geht es um das Thema „Mensch und Natur", das momentan wohl wie nie zuvor in vielerlei Hinsicht im Blickpunkt der medialen Öffentlichkeit steht. Erfahren Sie auf leicht zu verstehende Art und Weise, wie viel unserer Natur der Mensch benötigt und wie viel Mensch die Natur aushalten kann. Ein großes Thema unserer Zeit wird hier für Sie gebündelt zusammengefasst und anschaulich erklärt. Es wird Ihnen bewusst gemacht, dass eine Erholung für uns Menschen ohne Natur schier unmöglich wäre. Doch, was passiert dadurch mit unserer Umwelt? Lassen wir ihr die nötige Zeit zur Erholung? Selten werden Sie in ähnlichen Einrichtungen so zum Nachdenken angeregt und erschließen so selbst die richtige Route für Sie.

Die Audioroute 3 durch das Nationalparkzentrum Haus der Berge ist vor allem für Kinder gedacht. Das besondere hierbei ist das interaktive Setting der Route, die nicht nur für Kinder, sondern auch noch von Kindern gestaltet wurde. Über zwölf Stationen hinweg werden den Kindern die Berchtesgadener Alpen so richtig schmackhaft gemacht und über ca. 30 Minuten hinweg tauchen sie in ein außergewöhnliches Abenteuer ein.

Zum Ende ermöglicht Ihnen eine Sonderausstellung nochmals den Blick in eine traditionsreiche und fast intime Verbundenheit der Menschen des Berchtesgadener Landes zu ihren Bergen. Auch hier ist die Gestaltung sehr authentisch gelungen, denn in vier separaten Schutzhütten finden Sie allerlei Geschichten, Mythen und andere Informationen über beispielsweise den Alpinismus in den Bergen oder Vereine in der Region.

Die Aktivitäten für den Außenbereich reichen von einem entspannenden Sonnenbad auf zur Verfügung stehenden Holzliegen bis hin zu kleinen architektonischen Leistungen. Beispielweise können Kinder mit Steinen aus einem nahegelegenen Tal den extra hierfür angelegten Bachlauf durch Staudämme verändern und in heißen Sommertagen auch mal eine kühle Erfrischung in einem aufgestauten Becken nehmen; dies gilt natürlich auch für Erwachsene.

Weiter erwarten Sie im Außenbereich eine Kletterwand, Rutschen und sogar ein Baumhaus, das es zu erkunden gilt.

Das Nationalparkzentrum Haus der Berge ist ein absolut empfehlenswerter Ausflug für die ganze

Familie, bei dem gut und gern drei bis vier Stunden eingeplant werden können.

Dokumentation Obersalzberg mit Kehlsteinhaus

Wie eingangs schon beschrieben war der Obersalzberg praktisch der zweite Regierungssitz des Regimes des Nationalsozialismus. Heute befindet sich auf diesem Gelände ein neu aufgebauter Ort des Lernens und der Erinnerung, der vom Institut für Zeitgeschichte München-Berlin im Auftrag des Freistaats Bayern konzipiert und betreut wird. Nah wie sonst selten bekommen Sie die Möglichkeit, sich mit der Geschichte des Nationalsozialismus in Deutschland auseinanderzusetzen.

Mit der Dauerausstellung im Hauptgebäude werden konkret Verbrechen offengelegt, die mit dem Obersalzberg in Verbindung gebracht werden können. Der tiefe Sinn der Ausstellung will Ihnen vermitteln, dass politische Ideologien, die sich auf die Antwort auf alle weltlichen Probleme stützen, gerade nicht in ein weltliches Elysium führen, sondern in die Demolierung jeglicher menschlichen Errungenschaft. Dies wird vor allem durch ausgewähltes Bildmaterial aus der ganzen Welt und hinzugefügten Audiodateien lebhaft veranschaulicht und legt Ihnen offen dar, wie Regime solcher Art entstehen und welche Mechanismen sie zu politischem Erfolg bringen. Die Anordnung des Rundweges im Rahmen der Ausstellung unterstützt die Auffassung einer gewissen sonnigen Scheinwelt des Nationalsozialismus' (Obergeschoss) und präsentiert Ihnen schließlich die Abgründe und düstere Wahrheit des Regimes (Erdgeschoss) bis hinunter in den Untergang (Bunkeranlage). Im Tiefgeschoss der Dokumentation Obersalzberg wird ein Bild des „anderen Deutschlands" präsentiert. Ihnen wird im wahrsten Sinne des Wortes der Untergrund der damaligen Bevölkerung Deutschlands dargestellt, der Widerstand und Emigration beinhaltete. Weiter geht es um Hitlers Außenpolitik und seine – von Anfang an geplante – Kriegstreiberei.

Sehr beeindruckend und gleichzeitig erschreckend lassen sich, wie oben beschrieben, im Gebiet des Obersalzbergs auch die ehemaligen Bunkeranlagen teilweise begehen. Größtenteils sind diese für Sie als Besucher wieder gangbar gemacht worden und präsentieren Ihnen einen tiefen Einblick in den Fanatismus des Nationalsozialismus'. Durch eine freie Begehung und ein individuelles Verweilen an verschiedensten Orten wirken die Eindrücke, denen Sie ausgesetzt sein werden, nahezu so, als lebten sie gerade in der Zeit der Entstehung der Anlagen dort.

Mittels einer Busverbindung und eines Aufzugs erreichen Sie das auf 1.834 Metern gelegene und 1938 fertiggestellte Kehlsteinhaus, welches der nationalsozialistischen Führungsriege ebenfalls als Sommersitz diente. Bis zum Aufzug, der in 41 Sekunden 124 Meter überwindet, und Sie direkt ins Kehlsteinhaus manövriert, führt eine eindrucksvolle Hochgebirgsstraße, die Sie mit einem Bus zurücklegen. Alternativ können Sie das Ganze auch bergsteigerisch angehen, hier sind Sie jedoch ca. zwei bis drei Stunden unterwegs. Eine kleine Abwechslung bietet hierzu der Kehlstein-Rundwanderweg, den Sie auch mit bequemen Schuhen begehen und für den Sie etwa eine Stunde einplanen können. Bei gutem Wetter haben Sie hier eine atemberaubende Aussicht auf die einmalige Bergwelt der Berchtesgadener Alpen.

Hitler besuchte dieses Berghaus zwar selten, dennoch wird es häufig mit den Gräueltaten und mit dem Wahnsinn seines Regimes in Verbindung gebracht. Während des Ansturms der Alliierten wurde

das Kehlsteinhaus von keiner einzigen Bombe getroffen und so ist es noch heute in nahezu unverän-
dertem Zustand. Seit 1952 fungiert es als Berggast-
haus und wird vom Freistaat Bayern an die Sektion
Berchtesgaden des Deutschen Alpenvereins ver-
pachtet. Auch hier ist zur dunklen Zeit des Kehlstein-
hauses eine kleine Ausstellung des Instituts für Zeitgeschichte München-Berlin auf der Sonnenterrasse
angebracht. Über 14 Informationstafeln werden Sie
in die Geschichte und die historischen Hintergründe
des Hauses eingeführt.

Salzbergwerk Berchtesgaden

Ähnlich wie im Nationalparkzentrum Haus der
Berge ist das Salzbergwerk Berchtesgaden ein idea-
les Ausflugsziel für die regnerischen und tristen
Tage des Jahres. Natürlich besagt dies nicht, dass Sie
diese Attraktion nicht auch an sonnigen und war-
men Tagen besuchen können, denn zweifelsohne ist
dieses alte Bergwerk, in dem es scheint, als wäre die
Zeit stehen geblieben, ein unvergessliches Erlebnis,
nicht nur für Kinder.

Bis heute wird in und unter den Gemäuern des
Salzbergwerks Berchtesgaden Salz gewonnen. Be-
gonnen hat der Abbau im Jahre 1517 und die

Schächte reichen bis 300 Meter unter die Erde. Natürlich wurde der Umkreis für die Salzgewinnung im Laufe der Jahre stetig erweitert und so wird heute das meiste Salz aus dem anliegenden Haselgebirge gewonnen. Da das Salz hier nicht in seiner reinen Form vorkommt, wird hier ein sogenannter „nasser Abbau" betrieben, was bedeutet, dass das Salz mit Süßwasser von zusätzlichen Gesteinsarten herausgelöst wird und schließlich weiterverarbeitet werden kann.

Somit werden heutzutage durch 30 sogenannte Bohrspülwerke 900.000 Kubikmeter Sole aus der Umgebung abgebaut und verarbeitet. Natürlich ist das Werk einerseits eine wichtige Einnahmequelle aus touristischer Sicht, andererseits beschäftigt es ebenso ca. 100 Mitarbeiter, die zu größten Teilen in den Weiten des Stollensystems des Salzbergwerks Berchtesgaden untertage arbeiten.

Zu einem Highlight im Salzbergwerk gehören unter anderem die Holzrutschen, über die Sie in verschiedenste Teile des Bergwerks gelangen. Zunächst befördert Sie die Grubenbahn 650 Meter in das Innere des Berges, bis die Salzkathedrale erreicht wird, eine Art zentrale Stelle im Stollensystem. Von hier aus gelangen Sie über die erste Holzrutsche, die übrigens 34 Meter lang ist, in einen Werksstollen. Keine Angst, Ihnen wird verpflichtend empfohlen, einen Overall anzuziehen, der vom Salzbergwerk Berchtesgaden gestellt wird, sodass Ihre Kleidung keinen Schaden nimmt, weder bei der Begehung der Schächte noch bei einer der vielen Rutschpartien.

Weiter führt Sie der Weg über eine Salzgrotte. Hier, wie auch an anderen Passagen der Besucher-tour, wirkt durch diverse Lichtelemente eine zau-berhaft gedämpfte Stimmung auf Sie, sodass einem die heilende Wirkung des Salzes fast spürbar unter die Haut fährt. Die rot- bis rosafarbenen und licht-durchlässigen Gesteinsarten wirken zudem sehr entspannend auf jegliche Muskelstränge und Sehnen im Körper. Um nicht allzu sehr in eine relaxierende Stimmung zu verfallen, erwartet Sie daraufhin eine weitere Holzrutsche, die Sie nun über 40 Meter zum einmaligen Spiegelsee geleitet. Hier befinden Sie sich nicht nur an dem Höhepunkt der Erlebnistour, sondern auch am tiefsten Punkt der Rundtour für Besucher. Ganze 130 Meter Gestein und Erde steht Ihnen hier über dem Kopf. Seinen Namen hat der Spiegelsee von seiner Eigenschaft, die in naher Höhe über ihm liegende Felsdecke nahezu perfekt zu spiegeln. Wie Sie sich sicher schon gedacht haben, hat der Spiegelsee einen enorm hohen Salzgehalt, bei dem Sie sich entspannt mit einer Zeitung auf die Wasseroberfläche legen könnten. Ganz so nah wird Ihnen das Wasser jedoch nicht präsentiert, jedoch erfolgt der Fortgang der Tour über eine Art Floß, in dem Sie auf dem See hinübergleiten. Untermalt ist diese fesselnde Stimmung mit betörenden Lichtinszenierungen und geheimnisvollen Klängen. Ein eindrucksvolles Erlebnis, welches Sie so schnell wohl nicht mehr vergessen werden.

Neueste Attraktion des Salzbergwerks Berchtesgaden ist der sogenannte „Magische Salzraum". Hier bekommen Sie über einen extra dafür konzipierten Filmstreifen, der an den Wänden einer Salzgrotte abgespielt wird, einen Einblick in die Geschichte, die Entwicklung und die Bedeutung des Salzbergwerks für den Menschen. Eindrucksvoll wird dies wieder mit kristallinen Klängen hinterlegt, sodass Sie sich auch hier fühlen wie ein einziges Salzkristall in den Tiefen des Berges, das seinen Weg an die Oberfläche sucht und findet. Weiterhin wird Ihnen hier die infrastrukturelle Herausforderung visualisiert, die bis heute anhält, schließlich wird das Salz nach der Gewinnung weiter ins nahegelegene Bad Reichenhall geleitet, in dem es zum berühmt-berüchtigten „Bad Reichenhaller AlpenSalz" verarbeitet wird.

Zu guter Letzt, was wäre eine bayrische Region ohne einen zünftigen Biergarten. Am Ende Ihres atemberaubenden Erlebnisses erwartet Sie das Gasthaus Reichenbach, das nicht weit entfernt von den Toren des Salzbergwerks Berchtesgaden einlädt. Besonders der herrliche Blick über die Königsseer Ache macht diesen Ausflug zu einem rundum gelungenen Streifzug durch ein einmaliges Inneres der Berchtesgadener Bergwelt.

AKTIVE ERKUNDUNG

Wie auch in anderen Bergregionen sind die Möglichkeiten der aktiven Erkundung grenzenlos. Vor allem die Nationalparkregion im Berchtesgadener Land ist dafür wie dafür geschaffen. Durch die Einführung des Eco Management and Audit Scheme ist es der Verwaltung des Nationalparks möglich, sein eigenes, betriebliches Umweltverhalten messbar zu machen.

Die Normen für Qualität und Umwelt, die ein Nationalpark aufweisen muss, werden somit kontinuierlich gemessen.

Somit ist das Fortbestehen des Nationalparks Berchtesgaden langfristig gesichert und kann als die naturbelassene Region behütet werden, als die man sie kennt.

Alles in allem dreht es sich bei der aktiven Erkundung ums Wandern, welches in den Berchtesgadener Alpen eine große Tradition hat. Nicht nur ins benachbarte Salzburger Land gibt es eine Vielzahl von Touren und sagenhaft schön gelegenen Hütten, sondern auch um den Ort herum finden sich viele Tages-Touren, die Sie schnell weg vom belebten Zentrum von Berchtesgaden bringen, in eine Welt, die entschleunigender nicht sein könnte.

Im Folgenden werden Ihnen drei Tourentipps von unterschiedlichster Länge und Dauer dargeboten, die Ihren Aufenthalt im Berchtesgadener Land zu einem unvergesslichen Erlebnis machen und Sie zu sich selbst finden lassen.

Kneifelspitze

Der 1189 m hohe Berg türmt sich wie eine bewaldete Pyramide an der Randgemeinde Maria Gern auf. Auf ihrer Spitze eröffnet sich jedoch eine kleine Lichtung, auf der sich heute die Berggaststätte Kneifelspitze befindet. Wie viele Berghütten hat auch diese Berggaststätte keinen Frischwasseranschluss und somit geschieht die Wasserversorgung hier oben über Regenwasser, das übers Dach aufgefangen und gespeichert wird. Durch Filter und allerlei Technik wird dieses Regenwasser zu Wasser mit Trinkwasserqualität aufbereitet. Ansonsten unterscheidet die Gaststätte nichts zu herkömmlichen Restaurants oder Biergärten.

Ein breit gefächertes Angebot an Getränken und authentischer Hausmannskost wird Ihnen durch den familiengeführten Hüttenbetrieb geboten. Auch für die Süßen unter Ihnen ist mit selbst gemachtem Kuchen und Germknödeln bestens gesorgt. Lassen Sie sich also auf der Berggaststätte Kneifelspitze – bei sonnigem Wetter natürlich auch auf der wunderschönen Terrasse – verwöhnen.

Am Hang, im Schutz der Bäume, gedeihen hier allerlei zauberhafte Blumen, die eine wahre Pracht für ein interessiertes Auge sind. Neben Kräutern und Heilpflanzen wird Ihnen sicher der Frühlingsbote schlechthin vor die Linse laufen: die Schneerose. Sie ist durch ihre großen, weißen Blüten zu erkennen. Natürlich an den Hängen dieses Berges, wie auch an vielen anderen, gedeiht auch hier der Enzian mit seinen tief blauen Blüten, der in Berchtesgaden unter anderem zur Schnapsherstellung genutzt wird. Hierfür fungiert dann allerdings nur die Wurzel des Gewächses. Durch die dichte Nadelwaldzone an der Kneifelspitze sind hier auch verschiedenste Vertreter der Fauna vertreten. Im Nationalparkzentrum Haus der Berge gerade noch interaktiv erkundet und jetzt schon vor Ihrem eigenen Auge: der Auerhahn. Er ist seit vielen Jahren vom Aussterben bedroht und genießt in der Region Berchtesgaden somit einen besonderen Schutz. Zu Gesicht bekommt man ihn dennoch recht oft. Weiter ist es nicht unwahrscheinlich, dass Ihnen auf der Tour zum Gipfel Rotwild begegnet. Es gehört in Mitteleuropa und im Alpenraum zu einem der größten frei lebenden Tiere, schließlich wird allein das Geweih der männlichen Tiere schon bis zu über 100 cm lang und kann bis zu 6 kg wiegen.

Wie oben erwähnt, beginnt man den Aufstieg

üblicherweise von Maria Gern, einer kleinen Randgemeinde Berchtesgadens, die auf 740 Metern gelegen ist. Von hier entfernt man sich auf breiten Wegen, die auch gut im Winter zu begehen sind, von der
Zivilisation und tritt ein in die einsame und gleichzeitig fantastische Welt des Waldes. Gut und gern
können Sie auf dieser Tour behaupten, dass es Ihnen
nicht auf eine hochalpine Schwierigkeit ankommt,
sondern eher auf einen Hochgenuss. Ist einige Zeit
auf dem breiten Forstweg vergangen, erreichen Sie
über ein kurzes steileres Stück nach etwa einer
Stunde Wanderzeit das Lauchenlehen, welches mit
ein paar Sitzbänken zum Rasten und dem Ziehen-
Lassen von Gedanken einlädt. Weit bis zum Gipfel ist
es allerdings nicht mehr, über einen Serpentinen-
pfad gelangen Sie schließlich in einer weiteren halben Wanderstunde zur Berggaststätte Kneifelspitze
und zum Gipfel. Das Gipfelkreuz des Berges ist prak-
tischerweise direkt auf der Sonnenterrasse der Gaststätte positioniert. Oben angekommen können Sie
dann stolz auf sich sein und mit einer grandiosen
Bergkulisse am Tisch sitzen oder einfach auf der
Wiese liegen, der Watzmann schaut Ihnen dabei auf
imposante Art und Weise zu.

Der Abstieg zurück nach Maria Gern gelingt Ihnen in etwa der Hälfte der Zeit und ist über die Aufstiegsroute zu gehen.

Ein absolutes Plus dieser Tour ist – wie beschrieben – die Leichtigkeit des Schwierigkeitsgrades und der damit verbundene, verhältnismäßig geringe Zeitaufwand. Für einen halben Tag kann diese Erfahrung von der ganzen Familie gemacht werden. Durch eine einmalige Naturlandschaft erklimmt man wunderbar einen großartigen Aussichtspunkt und Gipfel, der Ihnen sicher in Erinnerung bleiben wird. Wer kann schon von sich behaupten, mit der Berchtesgadener Bergwelt so am Tisch gesessen zu haben.

Rund um den Königssee bis hin zum Obersee

Der Königssee, eines der wohl bekanntesten Wahrzeichen der Region. Ihn zu erkunden und zu entdecken, gehört zu den schönsten Aktivitäten im Berchtesgadener Land und ist zudem noch eine bequeme Alternative zu sportlichen Herausforderungen. Ein besonderer Höhepunkt des Tagesausflugs ist eine Bootsfahrt, die Sie über die Wallfahrtskirche St. Bartholomä bis hin zur Anlegestelle Saletalm-Obersee und wieder zurück zum Ausgangspunkt

Schönau am Königssee bringt. Im Ortsteil Königssee können Sie sich zunächst noch in bayrischem Flair durch kleine Läden schlängeln, in denen es allerlei zu kaufen gibt. Darf es für Sie vielleicht eine neue Lederhose sein oder benötigen Sie einen neuen Wanderstock? Hier werden Ihnen sicher eine Vielfalt von Angeboten dargelegt und Sie können sich bestens austoben. Auch Kleinigkeiten wie Kaffees oder Kuchen lassen sich am Ufer des Königssees genießen, bis hin zu zünftiger Hausmannskost und Schweinshaxen. Sie sehen also, man ist heute rundum um Ihr Wohl bemüht.

Täglich ab 08:30 Uhr ist der Schifffahrtsbetrieb mit seinen Booten für Sie bereit, Sie über den sagenumwobenen und bildschönen Königssee zu bringen. Zu diesen Booten lässt sich sagen, dass sie seit Beginn der Nutzung mit Elektromotoren über den See fahren, um diesen so rein und sauber wie möglich zu halten. Dieser besagte Beginn war bereits im Jahre 1909. Mittels einer aufladbaren Batterie, die nachts geladen wird, werden die Boote tagsüber mit etwa zwölf km/h angetrieben und bewegen sich so in angenehmer Geschwindigkeit über den See. Jedes einzelne der Boote, das Sie über den See fährt, hat eine

Länge von 20 Metern und fasst eine Passagierzahl von bis zu 93 Personen. Als kleiner Tipp für Sie: Auf den Booten gibt es weder sanitäre Einrichtungen noch Gastronomie, jedoch lässt sich das bei einer Fahrtzeit von etwa 30 Minuten schon einmal verkraften. Eine Schifffahrt über den Königssee, der durch die Boote mit Elektromotoren noch heute Trinkwasserqualität besitzt, ist keinesfalls eine gewöhnliche. Von Anfang an unterhält Sie ein ortskundiger Schiffer, der Ihnen immer wieder Informationen über diese und jene Stelle am See gibt. Hat man schließlich die erste Felswandecke umkurvt, erscheint einem der Anblick des sogenannten Malerwinkels, an dem man weit über den Königssee über die Kirche St. Bartholomä bis hin zur weit entfernten Schönfeldspitze blicken kann. Ein wahrlich faszinierender Anblick einer idyllischen wie imposanten Bergwelt. Selbst Alexander von Humboldt, der die Welt wahrlich entdeckt hat, sagte hier, dass es keinen schöneren Platz auf Erden geben kann. Weiter über den See erreichen Sie die sogenannte Echowand. Hier legt der Schiffer einen kurzen Halt ein und packt unerwartet sein Waldhorn oder seine Trompete aus, um für Sie die Namensgebung der

Echowand zu erklären. Er spielt ein paar Takte und lässt das Echo nachklingen, welches man bei guten Bedingungen bis zu viermal hören kann. In der Kulisse schroffer Felswände und steiler Hänge ist das Trompetenspiel schon ein einzigartiges Highlight, nicht nur für Musikfans.

Nach etwa 30 Minuten erreichen Sie schließlich die Wallfahrtskirche St. Bartholomä, von der zahlreiche Fernwanderwege beginnen, aber auch einige kleinere Wanderungen. Zunächst können Sie jedoch getrost am Wahrzeichen des Königssees verweilen und die Schönheit dieser Kapelle samt ihren Nebengebäuden und der Kulisse der steilen Watzmann-Ostwand im Hintergrund genießen. Im Jahre 1134 wurde hier eine erste Kirche gebaut, um die heidnischen Quellenkulte zu beenden. Das heutige barocke Gebäude der Kirche St. Bartholomä mit seinem Drei-Konchen-Chor im Osten und der Anordnung eines dreiblättrigen Kleeblatts entstand schließlich im Jahre 1733. Zum Namen St. Bartholomä, welcher der Patron der Hirten und Almleute ist, gelangte die Kirche bereits im Jahre 1522, als sich das Patrozinium änderte. Heutzutage treten Sie an der Seite der Kirche hinein und stehen somit direkt in der Mitte des

Kirchenbaus. Viele kleine Details, wie der Gewölbe-
stuck mit seinen runden und eckigen Formen, lassen
Sie in eine beeindruckende Melancholie verfallen.
Hier ist es egal, ob sie nun gläubig sind oder nicht, in
einzigartiger Weise wird Ihnen die Schönheit der
Schöpfung, vor allem hier im Berchtesgadener Land,
vor Augen geführt. Nehmen Sie sich die Zeit, tragen
Sie die Eindrücke aus der Kirche hinaus in die sagen-
hafte Natur um die Wallfahrtsanlage herum und
wandern Sie mit offenen Sinnen, vom Auge bis hin
zur Haut, durch die Wälder am Fuße des Königsees.

Ihnen werden auch hier, im Jahre 1700 errichte-
ten Jagdschloss, welches jedoch eher einem ländli-
chen Charakter als einem Schloss entspricht, gastro-
nomische Leckerbissen angeboten, jedoch steht
ebenfalls die schöne und entspannte Wanderung zur
sogenannten Eiskapelle an. Diese stellt einen Gletscherrest dar, aus dem ein Gletscherbach entspringt,
der diesen von unten aushöhlt. Somit entstand ein
kuppelartiges Gewölbe, das man heute Eiskapelle
nennt. Von der Begehung wird jedoch abgeraten, da
diese vor allem im Sommer einsturzgefährdet ist.
Der Weg zum Gletscherrest führt über gemächlich
ansteigende Wanderwege, über waldigen Boden

und durch Schatten spendende Bäume hinter ins Eisbachtal in Richtung Watzmann-Ostwand. Schilder erleichtern Ihnen die Orientierung und so können Sie sich praktisch unmöglich verlaufen, da die Eiskapelle den Talschluss darstellt. Außer im Frühjahr ist das Bachbett des Eisbaches meist trocken und es besteht keinerlei Gefahr für Sie, dieses zu durchwandern. Wenn Sie am Waldrand angekommen sind, steht dies nämlich an. Sie wandern hier durch große Felsbrocken und raues Gestein, welches Ihnen einen imposanten Eindruck vermittelt, vor allem, da sich in dieser Passage der Wanderung die mächtige Watzmann-Ostwand vor Ihnen erhebt. Sie gilt mit ihren 1.800 Metern Falllinie als die höchste Bergwand der Ostalpen. Schließlich gelangen Sie zur Eiskapelle, die sich tief ins Bachbett eingräbt. Steigen Sie vom ursprünglichen Ufer des Eisbaches hinab zur Eiskapelle, wird Ihnen schnell der Temperaturunterschied bewusst. Wohl selten erlebt man auf natürliche Art und Weise innerhalb weniger Meter eine solch fühlbare Differenz; oben noch bei 25 Grad in lockerer Kleidung, braucht es unten bei Temperaturen um den Gefrierpunkt schon dringend eine Jacke, wenn Sie länger verweilen wollen. Ein einmaliges Erlebnis, das so wohl nur hier in natürlicher Form vorkommt und Ihnen verdeutlichen kann, welch große Wirkung die Existenz von Eis und Permafrost auf unserem Planeten bewirkt, den es hier und anderswo zu schützen gilt.

Die Route durch das Eisbachtal führt Sie insgesamt 12 km (Hin- und Rückweg) durch die faszinierende Flora der Berchtesgadener Alpen. Bei einem Höhenunterschied von etwa 250 Metern können Sie diese Wanderung in 3 Stunden zurücklegen. An der Wallfahrtskirche St. Bartholomä zurückgekehrt, haben Sie sich nun auch eine zünftige Speise und ein Kaltgetränk verdient und können dies auch bei prickelnder Atmosphäre genießen.

Mit dem Boot geht es nun zurück in Richtung Schönau am Königssee, dem Ausgangspunkt Ihrer heutigen Tour. Das letzte Boot des Tages fährt um 18:00 Uhr, Sie haben also genug Zeit, die wunderschöne Umgebung zu erkunden und auszunutzen. Alternativ können Sie von hier jedoch mit dem Boot auch weiter in Richtung der Anlegestelle Saletalm-Obersee. Dies klingt zunächst erst einmal eigenartig – mit einem Boot auf die Alm – jedoch ist das hier die pure Realität. Direkt am Ufer des Königssees gelegen finden Sie die Saletalm, die im Jahre 1912 als ein Kiosk erbaut wurde. Im Lauf der Jahre wurden immer wieder Umbaumaßnahmen genehmigt und durchgeführt, wodurch sich die heute stehende Gaststätte entwickelte. Durch ein Wasserkraftwerk am Obersee, welches 1992 fertiggestellt wurde, speist die Saletalm Ihren Strom für die Gaststätte und die Pumpen für die Abwasserleitung. Heute wird die Alm in 4. Generation geführt und stellt einen gewissen Kontrast zur Gaststätte an der Wallfahrtskirche St. Bartholomä dar, da hier weit weniger Besucher stranden. Noch ruhiger wird es, wenn Sie die Saletalm in Richtung Obersee und Fischunkelalm auf einfachen Wanderwegen verlassen. Entlang am etwas höher gelegenen Obersee und über dessen Südufer erreichen Sie in einer Stunde das Ostufer und damit die Fischunkelalm, die etwas kleiner, aber dafür noch idyllischer im Talkessel des Obersees liegt. In den Sommermonaten weiden hier die Kühe auf der Alm und in der Hütte gibt es den feinen Käse auf Brot serviert mit einem Glas frischer Milch. Hier ist die ursprüngliche Abgeschiedenheit, fern von Tourismus und Hektik, noch lebhaft zu spüren. Hektik gibt es hier nur zweimal im Jahr, während des Almauftriebs und des Almabtriebs. Fußwege um den Königssee herum gibt es nur sehr spärlich und teilweise mit enormen Höhenunterschieden, somit ist ein herkömmlicher Almabtrieb oder -auftrieb hier hinten, am Ende des Berchtesgadener Landes, nicht möglich. So wird das Weidevieh auf Steigen um den Obersee herumgeführt und dann mit Schiffen zurück in Richtung Schönau am Königssee gefahren. Dieses Spektakel, welches sich einmal im Frühjahr und schließlich im Spätsommer eines Jahres abspielt, ist eine wirkliche Sehenswürdigkeit. Vor allem die Fahrt über den Königssee ist einmalig und ein absolutes Highlight. Wie auch in anderen Orten Bayerns werden die Kühe mit einem Kopfschmuck versehen, den sie hier jedoch erst an der Seelände in Schonau am Königssee aufgesetzt bekommen. Von dort aus zieht das Vieh schließlich in seine winterlichen Ställe. Diese Tradition ist der einheimischen Bevölkerung ein großes Anliegen und man merkt Jahr für Jahr die Vorfreude auf dieses große Ereignis bei Groß und Klein. Auch viele Besucher zieht dieses Spektakel mittlerweile an, die die authentische Lebensart der Berchtesgadener in bester Form darstellt.

Um den Aufenthalt an der Fischunkelalm abzurunden, besteht von hier aus noch die Möglichkeit, den Röthbachfall zu bestaunen. Investieren Sie nur ein weiteres kleines halbes Stündchen und bewundern Sie den mächtigen und hinreißenden Wasserfall, der sich mit einer Höhe von 470 Metern die Felswände herunterstürzt. Wandern Sie hierfür über gemächliche Wanderwege bis hin zum Talschluss und Ihnen präsentiert sich der höchste Wasserfall Deutschland über zwei Hauptstufen. Auch wenn Sie sicher bekanntere Wasserfälle kennen, einen höheren gibt es in Deutschland nicht zu erblicken, erst recht nicht in dieser Kulisse. Durch die eher komplizierte Erreichbarkeit blieb der Röthbachfall bis heute ein eher unbekannter Anziehungspunkt für Touristen und ist somit selten besucht.

Auf selbem Wege zurück wandern Sie zur Fischunkelalm, um den Obersee zur Saletalm und steigen dort in ein Boot zurück in Richtung Schönau am Königssee. Dabei schwirren mit Sicherheit die Ereignisse des Tages in Gedanken noch einmal herum und Sie können in der untergehenden Sonne ein aufregendes Erlebnis inmitten zahlreicher Naturdenkmäler rekapitulieren. Vor allem die

Auffassung mit allen Sinnen wird Ihnen in Erinnerung bleiben, der Geruch der Nadelwälder, das Empfinden von Feuchtigkeit und Temperaturunterschieden bis hin zum Schmecken der gut bürgerlichen, bayerischen Küche. Die Erkundung rund um den Königssee ist eine wundervolle Begebenheit für Groß und Klein.

Die „Große Reibn"

Im Gegensatz zu den beiden vorangegangenen Tourenempfehlungen ist die sogenannte „Große Reibn" eine anspruchsvolle Mehrtagestour durch das Hochalpine Gelände der Berchtesgadener Alpen. Hier sind vor allem Ausrüstung und Gepäck zu beachten, welches sich verschiedenartig zu den vorigen Touren, die an einem halben bis ganzen Tag zu absolvieren waren, zusammensetzt. Dabei sollte definitiv auf ein festes und trittsicheres Schuhwerk geachtet werden und auf einen größeren Wanderrucksack, in dem Sie vor allem Wechselkleidung und haltbare Verpflegung, wie beispielsweise Riegel oder Kekse transportieren können. Auch ein wichtiges Gut auf diesem Erlebnis wird es sein, genügend Wasser bei sich zu haben, welches man von Tag zu Tag, von Hütte zu Hütte wieder neu auffüllen lassen kann. Die

„Große Reibn" umfasst fünf Wandertage und folglich vier Übernachtungen auf verschiedenen Hütten. Dabei legt man vom Ausgangspunkt im Ortsteil Dorf Königssee bis zum Endpunkt der Route in Ramsau bei Berchtesgaden insgesamt rund 50 km zurück und durchschreitet einen Höhenunterschied von 3.600 Höhenmetern. Technisch anspruchsvoll ist diese Tour nicht, konditionell und physisch ist sie jedoch eine große Herausforderung, der man sich als „echter" Berchtesgadener aber stellen muss. Abgesehen davon ist die „Große Reibn" landschaftlich ein einmaliges Erlebnis und eine abenteuerliche Geschichte, die nach erfolgreicher Absolvierung das Gefühl von hinreißenden Eindrücken und unermesslichem Stolz nicht verkennt.

Die erste Etappe der Tour führt Sie vom Parkplatz am Königssee über die Königsbachalm in den großen Geländeeinschnitt südlich des Jenners und passiert das Schneibsteinhaus bis hin zum Stahlhaus, Ihrer ersten Unterkunft, die Sie nach etwa vier Stunden erreichen. Hier sei noch einmal erwähnt, dass alpine Schutzhütten nicht mit herkömmlichen Hotels verglichen werden können und auch nicht jene Standards erfüllen. Hier gibt es gewisse Zeiten, in denen die Waschräume benutzt werden dürfen und die meisten Schlafplätze sind in Bettenlagern beziehbar. Dafür ist die Geselligkeit in den Gaststuben der Hütten unvergleichlich. Wenn Sie Berchtesgadener und Gleichgesinnte kennenlernen wollen, dann geht das nirgends besser als hier. Aufgrund der Platzsituation sitzen Sie zwangsläufig mit fremden Wanderern am Tisch, die Ihnen jedoch nach ein paar Minuten gar nicht mehr fremd wirken. Familiärer als in besagten Gaststuben geht es wohl nur bei Ihnen zu Hause zu.

Am Morgen des Folgetages wird man durch die ersten Frühaufsteher sehr bald geweckt und so können auch Sie gegen 08:00 Uhr, nach eingenommenem Bergsteigerfrühstück und aufgefüllten Trinkflaschen, Ihre Tour fortsetzen. Vom Stahlhaus geht es zunächst über gewöhnliche Wanderwege auf den Schneibstein (2.276 Meter), der durch eine Latschenzone und letztlich über etwas schroffere Hänge bestiegen wird. Auf dem Hochplateau des Gipfels genießen Sie zum ersten Mal weite Blicke ins Salzburger Land bis hin zum Hohen Dachstein und auf der anderen Seite die atemberaubende Watzmann-Ostwand. Lassen Sie die Stimmung auf sich wirken, die Sie hier oben vernehmen, und tanken Sie bei jedem erreichten Gipfel Kraft für den weiteren Weg. Das Erreichen eines Gipfels bewirkt so einige kleine Wunder. Weiter steigen Sie im Verlauf der Tour wieder einige Höhenmeter bergab und kommen somit wieder in eine Zone höherer Vegetation. So wandern Sie durch sanft geneigte, grasige Hochflächen, die von Gämsen bewohnt werden, welche sich nicht selten auch zeigen. Diese malerische Landschaft wird schließlich noch vom Seeleinsee getoppt, der in einem Kar an den schroffen Felsen des Kahlersberg gelegen ist. Spiegelklar liegt der kleine See vor Ihnen und strahlt eine Zauberkraft aus, die Sie den folgenden Anstieg über das Hochgschirr ins jenseitige Landtal überwinden lässt. Durch waldiges Gebiet geht es oberhalb der Röthbachwand, an der der Röthbachfall hinunterstürzt, entlang bis zu einer Lichtung, an der die Wasseralm gelegen ist. Sie erreichen diese nach etwa sieben Stunden. Dies ist Ihre zweite Unterkunft und die unumstritten urigste der vier Übernachtungsstätten. Mit ihren 40 Schlafplätzen ist sie weiterhin die kleinste der Hütten, jedoch tut dies der Gastfreundlichkeit der Gastwirte keinen Abriss. Ehemals war diese Hütte eine komplette

Selbstversorgerhütte und hat sich erst in den letzten Jahren zu dem entwickelt, was sie heute ist. Zum Abendessen gibt es hier nur ein Gericht, das sich meist durch eine Zutat vom veganen zum fleischhaltigen Gericht unterscheidet. Somit ist die Auswahl des Essens hier sehr bescheiden, jedoch wird die Atmosphäre im auch hier vorhandenen Gastraum umso gemütlicher. Auch um Ihr Lunchpaket für den nächsten anstrengenden Tourentag wird sich in der Wasseralm in Person des Hüttenwirts gekümmert.

Tag drei Ihrer Expedition in den Berchtesgadener Alpen bricht wieder um etwa 07:00 Uhr an und die Wanderung geht weiter. Sie verabschieden sich von der lieblich im Grün der Röth gelegenen Wasseralm und steigen empor in das faszinierende Karstgebiet des Steinernen Meeres. Den Namen hat dieses von seiner Vegetation, soweit die Blicke reichen ist hier nur Stein zu sehen, Stein in wellenförmigen Hügeln. Öd und gleichzeitig fesselnd lässt sich diese unwirkliche Gegend betrachten, die nichts zum dauerhaften Überleben hergäbe, auch deshalb ist es hier oben, auf durchschnittlich 2.000 Metern, einsam wie nirgendwo sonst. Vorbei an einem weiteren kleinen See, der Blauen Lache, geht es immer weiter nach

oben und zum ersten Mal werden Sie Ihre Oberschenkel spüren und sich der nächsten Hütte entge-
gensehnen. Mal wieder ist Ihre Belohnung für die
Strapazen der atemberaubende Blick auf die umliegenden Berge, die wie stille Hirten über Sie zu wa-
chen scheinen. An einer verlassenen Schäferhütte
vorbei geht der Wanderweg ab nun nach Westen in
Richtung Ihrer nächsten Unterkunft. Bis auf 2.369
Meter geht es jedoch noch einmal über einen Sattel,
auf dem selbst im Sommer noch einzelne Schneefel-
der auftreten können, die Sie aber problemlos
durchqueren können. Über den Weg bergab und die
österreichische Grenze tangierend, erreichen Sie
über einen sich zum Schluss hinziehenden Wanderweg die Funtenseemulde, den – wie Meteorologen
herausfanden – kältesten Ort Deutschlands. Sie sehen, viele Extreme Deutschlands treffen sich hier im
Berchtesgadener Land und Sie werden ein Teil davon, indem Sie die Orte erleben und begreifen können. Malerisch liegt in dieser Mulde der Funtensee
und im Hintergrund das Kärlingerhaus. Endlich haben Sie Ihre nächste Unterkunft erreicht und können
entspannt in diese einkehren. Diese Gegend ist vor
allem für ein Tier sehr bekannt: das Murmeltier. Bis

tief in den Abend werden Sie dessen Schreie hören und auch wird Ihnen das eine oder andere Tierchen sicher vor die Augen laufen, denn scheu, wie man diese Tiere kennt, sind sie hier oben, wo sie sich wohl mit dem Menschen als Gast zufriedengestellt haben, nicht. Auf 1.630 Metern gelegen ist das Kärlingerhaus und seine Umgebung eine Art Oase und eine grüne Idylle im sonst so kargen und lebensfeindlichen Karstgebiet des Steinernen Meeres. Es ist Ihre größte Unterkunft auf der „Großen Reibn" und bietet somit auch eine Vielzahl an Köstlichkeiten an. Der Abend wird Ihnen durch regionale Küche versüßt und dabei können Sie in Matratzenlagern oder Zimmern ganz beruhigt schlafen, denn die Lebensmittel, die auf dem Kärlingerhaus verarbeitet werden, sind ausschließlich aus biologischer Haltung und noch dazu ist den Hüttenwirten jeder Familienbetrieb, von dem Lebensmittel hier hoch transportiert werden, persönlich bestens bekannt. Sie können also mit einem positiven ökologischen Fußabdruck und mit reinem Gewissen nach einer Partie „Mensch ärgere dich nicht" oder anderen Gesellschaftsspielen in der Gaststube zu Bett gehen. Die Eindrücke des Tages werden von Ihnen mit

Sicherheit auch verdaut werden, denn nach sieben Stunden Gehzeit und der Etappe mit den meisten Höhenmetern werden Sie sicher heilfroh sein, am Abend im weichen Bett zu liegen.

Am vierten Tag Ihrer großen Wanderung steht ein Großteil des Abstiegs an. Vom Kärlingerhaus geht es in Richtung Wimbachgries, wobei der Übergang keine größeren Schwierigkeiten darstellt. Allen voran der Große Hundstod stellt sich Ihnen nun in den Blick. Der 2.593 Meter hohe Berg stellt einen Randberg des Steinernen Meeres dar und wird sehr oft über das Ingolstädter Haus erklommen, welches Sie zu Ihrer Linken am Horizont erblicken können. Hier oben, am sogenannten Hundstodgatterl, ab dem es in das Wimbachgries hinab geht, ist der Blick über die karstige Hochlandschaft nahezu perfekt. Gipfel bis zu 3.000 Metern Höhe können Sie erspähen und ein Gefühl der Erhabenheit macht sich in Ihnen breit. Sie stehen hier oben über den Dingen, erkennen jedoch, wie klein und machtlos wir Menschen gegenüber der Natur sind. Erst recht hier oben, auf fast 2.200 Metern, erfahren Sie Respekt gegenüber den Bergen und auch gegenüber sich selbst. Mit diesem Gefühl und einem letzten Blick in Richtung Ihrer

Herkunft und dieser einmaligen Naturlandschaft, lebensfremd und gleichzeitig umwerfend, steigen Sie hinab und erreichen schon bald wieder neue Formen der Vegetation. Durch Felder von Latschenkiefern geht es zunächst noch über felsige Wege, ab dem Trischübelpass auf erdigen Wanderwegen hinunter ins Wimbachgries. Kurz vor der Wimbachgrieshütte erreichen Sie die auslaufenden Schotterströme der umliegenden Berge, die diese Gegend so einzigartig machen. Zu Ihrer Rechten geht von hier der Südanstieg auf den Watzmann empor, der aber neben Trittsicherheit und Schwindelfreiheit auch alpine Erfahrung voraussetzt. Sie begnügen sich heute mit dem flach auslaufenden Tal des Wimbachgries und erreichen Ihre letzte Übernachtungsstätte am Fuße der Watzmann-Südspitze nach sechs Stunden Gehzeit. Die Wimbachgrieshütte ist wieder eine eher kleinere Vertreterin der Berghütten im Berchtesgadener Land. Sie liegt friedlich im Talschluss auf 1.327 Metern Höhe und kann bis zu 60 Personen beherbergen. Der Vorteil der Hütte liegt darin, dass sie weder mit einem Helikopter noch mit einer Seilbahn versorgt werden muss, da von Ramsau bei Berchtesgaden eine Geröllstraße, die von antriebsstarken

Kraftwagen befahren werden kann, bis zur Hütte führt. Auch hier wird für Ihr leibliches Wohl gesorgt sein, ganz im Sinne der Gastfreundlichkeit der Region. Durch den letzten Abend auf einer der Berghütten auf der „Großen Reibn" lassen sich am Abend im Gastraum viele Erfahrungen mit anderen Wanderern austauschen und man erkennt, dass jeder einzelne Mensch, der hier oben zum Pilger geworden ist, seine eigenen Erfahrungen gemacht hat. Auch, wenn der Komfort in den letzten Tagen sicher zu wünschen übriggelassen hat, so waren die Erlebnisse, die dadurch entstehen, doch unvergesslich und vor allem unbezahlbar. Auf diesen Wanderungen durch die Berge, fernab von touristischen Sehenswürdigkeiten, erkennt man den eigentlichen Sinn des Lebens, der für jeden dieser Wanderer hier oben wiederum anders ist. Diese Glücksgefühle helfen Ihnen, die Schmerzen und Strapazen der letzten Tage vergessen zu machen, wenngleich der eine oder andere Krampf im Oberschenkel vielleicht nicht ausbleibt.

Die letzte Etappe Ihrer Wanderung könnte abschließender nicht sein. Im Vergleich zu den letzten Wandertagen ist dieser förmlich ein Auslaufen für

Ihre Muskeln. Durch das Wimbachgries und das Wimbachtal geht es auf gut begehbaren Wegen gemächlich bergab, doch die Imposanz der umliegenden Bergwände nimmt keineswegs ab. Eher wirkt man zwischen Watzmann-Westflanke und Hochkalten-Ostflanke kleiner als je zuvor auf der „Großen Reibn". Charakteristisch für dieses Tal sind die gigantischen Schuttströme, die durch die Schwerkraft ständig, aber natürlich nicht merklich, in Bewegung sind. Nur in starken Regenzeiten ist es möglich, dass sich der Schutt sichtlich verfrachtet. Der hier entspringende Wimbach ist nur oberhalb der Wimbachgrieshütte zu Gesicht zu bekommen, verschwindet im Lauf Ihrer Wanderung jedoch recht bald im lockeren Gesteinsmaterial des Schutts. Erst kurz vor der Wimbachklamm, die Sie im weiteren Verlauf der heutigen Etappe durchschreiten werden, erscheint der Wimbach wieder an der Oberfläche. Nach etwa einer Stunde erreichen Sie das Wimbachschloss, welches ein ehemaliges Jagdhaus der Fürstpröpste von Berchtesgaden ist und heute als Berggaststätte bewirtet wird. Viele Tagesbesucher tummeln sich hier oben und genießen Süßspeisen und Herzhaftes bei gutem Wetter in den Weiten des Wimbachtals, denn nur eine weitere Stunde vom Schloss befindet sich der Parkplatz Wimbachbrücke, welches das Ziel Ihrer langen Reise durch die hochalpine Welt der Berchtesgadener Alpen darstellt. Das letzte Highlight Ihrer Tour ist abschließend die oben erwähnte Wimbachklamm. In dieser schmalen Schlucht werden Ihnen die Wassermassen des Wimbachs ein Begriff. Über steile Wasserfälle und felsige Tiefen stürzt sich das Wasser die Klamm hinunter. Über einen befestigten Steg und einige Brücken an den Felswänden der Klamm ist eine Begehung möglich gemacht worden, die Sie unter keinen Umständen auslassen dürfen. Geologisch beeindruckend und tosend präsentiert sie sich ihrem Betrachter und beschreibt gerade bei Ihnen, wie Sie die letzten Tage im Hochgebirge verbracht haben, die aufgewühlten Gedanken, die sich in einem gemächlich dahinfließenden Bach ausgehen.

Per Bus kommen Sie schließlich von der Wimbachbrücke zurück zum Parkplatz am Königssee, Ihrem Ausgangspunkt. Ein einmaliges Abenteuer geht für Sie zu Ende und am Startpunkt der vergangenen fünf Tage angelangt, rekapitulieren Sie und bemerken, dass Sie hier vor Beginn Ihrer Reise noch ein ganz anderer Mensch waren. Sicherlich auch die vielen zurückgelegten Kilometer und die bestrittenen Höhenmeter haben Sie reicher an Erfahrung gemacht, aber vor allem sind es im Berchtesgadener Land die Begegnungen, sowohl mit der Natur als auch mit dem Menschen.

Zuletzt noch ein paar wichtige Hinweise: Eine Übernachtung auf den jeweiligen Hütten kostet zwischen 20 und 30 Euro, je nach Komfort und Mitgliedsform im Deutschen Alpenverein. Für die Getränke und die Verpflegung auf den Hütten sind die Preise angemessen, jedoch nicht teurer als in herkömmlichen gastronomischen Einrichtungen. Über das Wetter sollten Sie sich stets informieren. Am einfachsten geht dies über die Website des Deutschen Alpenvereins und unterwegs bei den jeweiligen Hüttenwirten. Aufgrund der Abgeschiedenheit kann es dazu kommen, dass Sie mit Ihrem Mobiltelefon keinen Empfang haben.

Die „Große Reibn" kann sich auf Sie freuen und Sie sich ebenfalls.

VERANSTALTUNGEN

Durch die Geselligkeit der Menschen im Berchtesgadener Land sind auch Veranstaltungen und Feste keine Seltenheit. Über Kulturveranstaltungen bis hin zu Sportveranstaltungen der Weltspitze ist hier alles geboten. Viele der Ereignisse sind jährlich wiederkehrend und somit nicht nur einmal zu erleben. Vor allem durch die ganzjährigen Sport- und Freizeitmöglichkeiten finden in und um Berchtesgaden, unterschiedlich zu anderen Alpenregionen, das ganze Jahr über Ereignisse für Einheimische und Touristen gleichermaßen statt. Lassen Sie sich verzaubern von einem wunderbaren Angebot an ereignisreichen Erfahrungen und werden Sie für eine kurze Zeit Teil der Berchtesgadener Feste und Veranstaltungen. Drei der schönsten und populärsten davon werden Ihnen im Folgenden nähergebracht.

Rodel Weltcup am Königssee

Am Anfang jeden Jahres, meist um die erste Monatswende, steht die LOTTO Bayern Eis-Arena Königssee im absoluten Fokus der Spitzen im Rodelsport und natürlich auch der Fans und Medienabteilungen. Durch eine traditionell gewachsene und mit der

Region verbundene Sportart verbinden hier Menschen den sonst eher belächelten Sport Rodeln: ein großes, sehenswertes Ereignis mit dem Jahresbeginn. Somit wallen tausende Bewohner der umliegenden Gemeinden zum Rodel Weltcup am Königssee und bewundern nicht selten auch einige Rodler aus diesen Gemeinden, allen voran die Olympiasieger Felix Loch, Tobias Wendl und Tobias Arlt. Im Rahmen der Weltcuptage ist auf dem Gelände der Eis-Arena ein beheiztes Zelt aufgestellt, in dem Sie sich gut von kalten Temperaturen draußen wieder aufwärmen können. Natürlich werden hier auch die Lokalmatadore und viele andere Weltstars bis in die Nacht gefeiert.

Abseits des Zeltes und in der Rodelbahn rauschen die Schlitten samt ihrem Fahrer mit einer Geschwindigkeit von bis zu 120 km/h durch den über 1.300 Meter langen Eiskanal. Nebenbei erwähnt ist die Eis-Arena am Königssee die erste Kunsteisbahn der Welt. 1968 wurde diese erbaut, bis heute jedoch wurden einige Male die Kurven und Geraden abgeändert, da die Bahn lange Zeit als schwierigste Bahn der Welt bekannt war. Durch 16 Kurven schlängelt sich die Bahn bis hinunter zum Königssee, bis die

Rodler im umjubelten Ziel ankommen. Im Zielbereich sind für Fans und Gäste große Tribünen und Videoleinwände zur optimalen Verfolgung des Rennens errichtet.

Somit ist beim Rodel Weltcup am Königssee nicht nur etwas für den Sportfan dabei, sondern auch für all diejenigen, die spannende Ereignisse und eine ausgelassene Stimmung zu schätzen wissen.

Buttnmandl und Kramperl am Nikolaustag

Auch im Berchtesgadener Land ist die Adventszeit eine Zeit der Einkehr und der Besinnlichkeit auf der einen Seite, jedoch auch eine Zeit der Lebendigkeit und Vorfreude auf der anderen. Einzigartig, mit facettenreichen Angeboten und einer Vielzahl von Bräuchen, können Sie vor allem die Anfangstage in der Berchtesgadener Adventszeit erleben. Die Buttnmandl und Kramperl läuten jedes Jahr am Nikolaustag, dem 6. Dezember, die Weihnachtszeit lautstark ein. Als ein Relikt aus der Keltenzeit und durch den heiligen Nikolaus christianisiert, ist der Zug dieser Gestalten, die mit Stroh, Fell und Glocken geschmückt sind, durch die Gemeinden des Berchtesgadener Landes eine wahre Tradition. Durch das

Scheppern der Buttn oder das Rütteln von großen Glocken sollte in grauer Vorzeit die winterliche Natur schon jetzt wieder zum Leben erweckt werden. Dafür zog man in diesen Fellkostümen durch die Straßen. Weiterhin sind die Buttnmandl mit furchteinflößenden Masken bekleidet, welche zur besonderen Stimmung und Atmosphäre beitragen. Die nur in Fell gekleideten Kramperl sind mehr oder weniger für die Organisation und Ordnung der Züge verantwortlich und tragen die Befehle des St. Nikolaus an die Buttnmandl weiter. Weiterhin besitzen sie eine Rute, die die Buttnmandl bei Nichtbefolgen der Anordnungen mit einem Schlag auf die Beine zu spüren bekommen, natürlich nur sinnbildlich.

Wenn Sie also ein Liebhaber von solch traditionellen, aus weit vorchristlicher Zeit stammenden Ereignissen sind, wäre dieses Event genau der richtige Tipp für Sie. Lassen Sie sich verzaubern von weihnachtlicher Stimmung und keltischem Brauchtum, welche Ihre besinnliche Zeit sicher mal kurz aufschrecken lassen.

Almabtrieb in Berchtesgaden

Im Spätsommer ist es für das Weidevieh, vor allem für die Kühe, Zeit, von der Alm hinab in das Winterquartier zu ziehen. Nicht nur im Berchtesgadener Alpenraum ist dieses Spektakel eine große Tradition, jedoch zählt die Kulisse dabei zu einer der schönsten der Welt. Vor allem der Almabtrieb von der Fischunkelalm am Obersee ist hier eine wirkliche Besonderheit, da – wie oben schon einmal erwähnt – die Kühe mit den Booten über den Königssee gefahren werden. Jedoch auch von anderen Almen der Region wird das Vieh hinab ins Tal getrieben und dabei besonders prachtvoll geschmückt. Dies geschieht zum Dank, dass Tier und Mensch im Sommer auf der Alm unbeschadet geblieben sind. Zusätzlich geht dies einher mit Tanz und Musik in den jeweiligen Gemeinden um Berchtesgaden. Die sogenannten Fuikln als Kopfschmuck für die Kühe werden in tage- und nächtelanger Arbeit von den Hofbesitzern und Almhirten selbst zusammengebunden, die sogenannten Latschenbosch'n werden noch auf der Alm von den Kiefern geschnitten und mit an die Fuikln gesteckt. Wenn man bedenkt, wie viele Arbeitsstunden ein Almwirt und sein Gefolge an solch einer Schmuckvielfahrt bastelt, wird Ihnen sicher bewusst, welche Bedeutung dieses Ereignis für die Menschen hier hat. Auch die Beziehung zwischen Tier und Mensch ist hier in einem besonderen Maße erkennbar, da es seit Generationen gefeiert wird, wenn auch das Vieh unverletzt und gesund über den Sommer gekommen ist.

An den Wegesrändern der Gemeinden tummeln sich während des Almabtriebes eine Vielzahl von Besuchern, die einerseits ebenfalls ihren Dank aussprechen oder auch einfach nur aus Neugierde dem Spektakel beiwohnen wollen. In den letzten Jahren erfreut sich der Almabtrieb auch immer mehr an fremden Besuchern, für die ein solches Ereignis etwas ganz Besonderes darstellt. Wann kommt man als Tourist schonmal zu solch einer Gelegenheit, geschmückte Kühe mit ihren Bauern die Straßen entlangziehen zu sehen und eine gastfreundliche und ausgelassene Stimmung zu genießen. Hier in Berchtesgaden jedenfalls sind Sie hierfür herzlich willkommen.

Nützliche Tipps

Für Menschen, die gern in die Welt reisen und sich auch von der Natur angezogen fühlen, mag es uninteressant sein, welche Erfahrungen andere Touristen mit gewissen Orten gemacht haben, jedoch ist eine kleine Vorauswahl und evidenzbasierte Einschätzung meist nicht das Schlechteste für eine gute Reisevorbereitung. Auch so lassen sich Abenteuer erleben und glückliche Zufälle ereignen. Im Folgenden wird Ihnen ein kleiner Überblick über die Alltagsdinge und Standardfragen in einer Urlaubsplanung gegeben. Sind Sie so abenteuerlustig, dass Sie diese nicht brauchen, können Sie sich getrost über dieses Kapitel hinweg schleichen, sollten Sie aber ein paar Tipps aus einheimischer Quelle benötigen, so sollten Sie sich für einen Moment die Zeit nehmen und Ihre Vorzüge herausfiltern.

UNTERKÜNFTE

Grundsätzlich finden sich in Berchtesgaden und seiner Umgebung eine Vielzahl an Unterkünften. Durch den Tourismus, der sich sowohl im Sommer als auch entschleunigt im Winter anbietet, verfügt das Berchtesgadener Land eine perfekte und intakte Infrastruktur. Je nach persönlichem Standard lohnt es sich, zwischen den Unterkunftsarten zu wählen. Wollen Sie eher eine luxuriöse Unterkunft oder sind Sie sowieso vor allem in der Natur unterwegs? Sind Sie gern auf Entdeckungstour, wenn es um das Abendessen geht oder wollen Sie sich um solche Dinge in Ihrem Urlaub keine Sorgen machen? Fragen über Fragen, die Sie als Gast im Berchtesgadener Land beschäftigen. Zunächst ist zu sagen, dass sich die preislichen Höhen der Unterkünfte – wie überall auf der Welt – an den Komfort, das weitere Umfeld und die Gegebenheiten anpassen.

Sind Sie der Typ für eine elitäre Lage, der Typ für einen anonymen Check-in und einen Urlaub, bei dem Sie nichts groß planen müssen? Wenn Sie diese Eigenschaften bevorzugen, ist das Hotel Edelweiß im Zentrum Berchtesgadens sicher eine sehr komfortable Anlaufstelle. Seit 2005 steht dieses hochmoderne, in seiner Architektur jedoch perfekt an den Ortskern angepasste, Hotel in der Berchtesgadener Innenstadt und begrüßt seine Gäste mit pompöser Einfahrt. Natürlich hat auch hier Luxus seinen Preis und so zahlt man für ein Doppelzimmer pro Person gut und gern über 100 Euro pro Nacht. Dafür wird Ihnen hier jedoch auch einiges geboten: Über eine angenehm angelegte und ruhige Hotellobby verfügt das Hotel Edelweiß über eine eigene Wellnessanlage samt Pool und Sauna im oberen Bereich des Hotels, wodurch Sie aus der Anlage und im dazugehörigen Pool Bistro einen wunderschönen Blick hinaus in die Bergwelt Berchtesgadens haben. Natürlich beinhaltet der Bereich auch eine Auswahl an Saunen, einen Fitnessbereich und ein Spa. Sind Sie weiterhin zu entspannt in Ihrem Urlaub, um sich große Gedanken um ein deliziöses Abendessen machen zu wollen, ist auch hierfür gesorgt. Einerseits bietet Ihnen das

Hotelrestaurant mit Terrasse eine große Auswahl an gut bürgerlicher und regionaler Küche, andererseits versetzt die im Hotel befindliche Pizzeria Ihren Urlaub in ein leicht mediterranes Flair. Sie können sich frei entscheiden.

Etwas günstiger, dafür auch mit weniger Komfort, bekommen Sie für etwa 40 Euro pro Person und Nacht ein Doppelzimmer im Explorer-Hotel in Schönau am Königssee angeboten. Auch hier gibt es ein Sport-Spa, in dem Sie von Tagesausflügen oder anstrengenden Bergtouren entspannen können. Die Zimmer sind trotz des rustikalen Looks sehr komfortabel und beinhalten jeweils Panoramafenster und einen Balkon. Mit einem Frühstücksbuffet kann im Explorer-Hotel der perfekte Tag gestartet und die Energie für folgende Strapazen getankt werden. Ein hoteleigenes Restaurant gibt es hier leider nicht, jedoch sind in der Umgebung zahlreiche gute Gelegenheiten, seinen Magen gut zu verwöhnen. Auch dieses Prinzip der Nachhaltigkeit für die Region spricht für diese Unterkunft. Sinn hinter der Strategie ist, dass sich der Gast nicht jeden Abend im Hotel sein Abendessen gönnt, sondern die Wirtschaft vor Ort, also in Berchtesgaden und seiner Umgebung, unterstützt und gleichzeitig die regionale Küche besser und facettenreicher kennenlernt. Hierzu später mehr. Alles in allem ist dieses Hotel, auch durch seine freie Lage, nicht nur, aber sehr auf sportorientierte Gäste ausgerichtet. Mit einem hoteleigenen Verleih von Mountainbikes und anderen Fahrradarten bestätigt sich diese Orientierung absolut. Wenn Sie sich also in einen aktiven Urlaub begeben wollen, allein oder mit der Familie, und nicht Unsummen an Geld für die Übernachtung ausgeben möchten, sind Sie im Explorer-Hotel genau richtig.

Zuletzt bietet es sich vor allem im Berchtesgadener Land an, eine Ferienwohnung zu beziehen. In jeder Gemeinde der Region gibt es hier eine hohe Vielfalt an Standards und anderen Merkmalen. Vor allem, was den Preis angeht, ist man im Bereich Ferienwohnung in einer eher niedrigen Preisklasse. Weiter ist durch das große Angebot auch die Lage nahezu überall selbst zu bestimmen. Die Beziehung zur Gastfamilie ist noch einmal ein Stück weit persönlicher als mit Personal in einem Hotel, wodurch Sie sich einige Geheimtipps zustecken lassen können. Meist sind Ferienwohnungen in der Region auch geräumiger als ein Hotelzimmer und der Raum für Privatsphäre ist ebenfalls ein größerer. Wenn Sie also die Art von Urlaub bevorzugen, während Ihres Aufenthalts in Ihrer „eigenen" Wohnung zu sein und abends mit der ganzen Familie die Möglichkeit zu haben, selbst zu kochen, dann sollten Sie eine der zahlreichen Ferienwohnungen buchen. Diese sollten Sie jedoch über die offizielle Website der Stadt Berchtesgaden und der Region „www.buchen.berchtesgaden.de" buchen, da Sie hier die weitaus günstigeren Angebote als auf herkömmlichen Hotel- und Urlaubswebsites finden lassen.

RESTAURANTS

Wie auch an Unterkünften hat das Berchtesgadener Land ein enormes Aufkommen an guter Gastronomie. Natürlich überragt hier die traditionell bayerische Küche, jedoch sind auch viele mediterrane Gaststätten zu erkunden bis hin zu exotischen Restaurants.

Wie erwähnt sind vor allem die traditionell bayerischen Gaststuben und Restaurants aufgrund ihrer Vielzahl leicht zu finden. So lässt sich keines dieser Angebote wirklich ausschlagen, wenn Sie jedoch ein

rundum gelungenes Gesamtpaket schnüren möchten, ist der Alpengasthof Hochlenzer genau das Richtige für Sie. Weit über Berchtesgaden liegt das Restaurant des Alpengasthofes mit seiner atemberau-
bend liegenden Sonnenterrasse und Sie haben somit
einen wunderbaren Ausblick in die umliegenden Täler und Berge. Ganz bequem ist das Restaurant mit
dem Auto zu erreichen, ein großer Parkplatz liegt
davor. Hier an den Hängen des Kehlsteins wird Gast-
freundschaft und vor allem Gemütlichkeit sehr groß-
geschrieben. Angeboten wird im Alpengasthof ab
der Mittagszeit bis in die Abendstunden eine gutbür-
gerliche Küche, die Sie mit Sicherheit zufriedenstel-
len wird. Weiter ist die Umgebung des Restaurants
perfekt für Kinder, für die eine Spielecke bereitsteht
und auch Außenanlagen laden zum Spielen ein. Ein
kleiner Spaziergang hoch über den Dächern des
Berchtesgadener Landes dürfte nach einem guten
Mahl ebenfalls ein Genuss sein.

Wollen Sie eher einen Abend in mediterranem
Flair verbringen, empfiehlt sich die L' Osteria al
Parco. In den rustikal gestalteten Räumlichkeiten
des Restaurants werden Ihnen beste italienische
Spezialitäten angeboten. Haben Sie Ihr Quartier in

Berchtesgaden, ist es sehr gut zu Fuß zu erreichen, und Sie können das Auto getrost stehen lassen, um sich auch ein zweites oder drittes Gläschen des vorzüglichen Rotweins, den die L' Osteria al Parco anbietet, zu genehmigen. Von exzellenten Antipasti über Pasta bis hin zur obligatorischen Auswahl bester Pizza bietet Ihnen das Restaurant alles, was für ein mediterranes Flair vonnöten ist. Mit dezenter italienischer Musik wird sowohl Ihr Genuss als auch Ihr ganzer Abend klangvoll passend abgerundet.

Wer sich an die Exoten des Restaurantgewerbes im Berchtesgadener Land wagen möchte, sollte – passend zur umliegenden Bergwelt – ein Mahl im Restaurant Mount Everest einnehmen. Das indische Restaurant wirbt mit biologischem, ayurvedischem, vegetarischem und veganem Essen, jedoch ist auch etwas für Fleischliebhaber dabei. Auch diese Anlaufstelle für ein gutes Abendessen liegt in der Nähe des Berchtesgadener Zentrums und ist somit gut zu Fuß erreichbar. Des Weiteren ist die große Terrasse ein ansprechender Fixpunkt, um bei einem deliziösen Mahl seine Blicke hinaus in Richtung Watzmann und anderer Berge streifen zu lassen. Eine Besonderheit des Mount Everest ist die Abholung von Gerichten in sogenannten Tiffins. Gefertigt aus isoliertem Edelstahl ist diese praktische Box aus bis zu vier Kammern eine praktische und stabile Alternative in Zeiten der übermäßigen Müllproduktion.

Abschließend lässt sich sagen, dass dies nur ein kleiner Einblick in die gustatorischen Erlebnisse Berchtesgadens war und es sich für Sie mit Sicherheit lohnt, in das eine oder andere Restaurant zu schnuppern.

ANREISE UND MOBILITÄT

Die Anreise ins Berchtesgadener Land ist durch mehrere Verkehrsmittel ermöglicht. Die umweltfreundlichste und nachhaltigste Anreise ist Ihnen mit der Berchtesgadener Land Bahn (BLB) der Deutschen Bahn möglich. Ab dem Münchener Hauptbahnhof fahren Sie mit dem Meridian Richtung Salzburg. Nach etwa eineinhalb Stunden Fahrtzeit steigen Sie in Freilassing in die oben erwähnte BLB um und fahren 50 Minuten bis Berchtesgaden Hauptbahnhof. Hier ist die Endhaltestelle der BLB. Vom Hauptbahnhof in Berchtesgaden gehen weiterführend zahlreiche Busverbindungen in die umliegenden Gemeinden wie Ramsau bei Berchtesgaden, Maria Gern oder Schönau am Königssee. Auch zu den Ausflugszielen wie dem Hintersee, dem Obersalzberg oder dem Königssee sowie zu vielen Wanderstützpunkten verkehren regelmäßig Buslinien, wodurch Ihr nachhaltig und umweltschonend angelegter Urlaub Sie zu einem echten Vorbild für zukunftsträchtigen und entschleunigten Tourismus macht.

Natürlich ist es Ihnen auch möglich, mit dem Auto anzureisen. Hierfür fahren Sie auf der Bundesautobahn A 8 ab München in Richtung Salzburg. An der Ausfahrt 115 Bad Reichenhall verlassen Sie diese und fahren auf der B 20 in Richtung Bad Reichenhall und von dort aus, weiter auf der B 20, Richtung Berchtesgaden. Ab München beträgt die Strecke bis ins Zentrum Berchtesgaden 155 km und man benötigt hierfür bei freien Straßen in etwa eine Stunde und 50 Minuten. Im Berchtesgadener Land lassen sich ebenfalls viele Ausflugsziele per Auto erreichen, jedoch hat die Freiheit ab und an eine zähe und teure Parkplatzsuche zum Nachteil, wie zum Beispiel an den Parkplätzen der Dokumentation Obersalzberg und denen am Königssee. Die meisten

Hotels, Ferienwohnungen und anderen Unterkunftsarten haben einen Parkplatz inklusive.

FÜR DEN KLEINEN GELDBEUTEL

Zuletzt noch ein paar hilfreiche Tipps für Schüler,
Studenten oder einfach Menschen, die auf einen
sparsamen Urlaub achten müssen:

In den Sommermonaten ist eine Übernach-
tungsalternative zu den vielen Hotels und Ferienwohnungen ein Campingplatz. Im Berchtesgadener
Land gibt es hiervon vier: Den Campingplatz Winkl-
Landthal, das Camping-Resort Allweglehen und die
Campingplätze Mühlleiten und Grafenlehen, wobei
die zwei letztgenannten zu favorisieren sind, vor allem aus dem Grund, dass Sie sie auch über die öffent-
lichen Verkehrsmittel in Form der Buslinie 841
schnell und gut erreichen können. Mit einem Bay-
ernticket können Sie also bequem innerhalb von
zwei bis drei Stunden ab 24 Euro pro Person anrei-
sen. Auch die Lage der beiden Campingplätze ist sicher eine besondere, denn sie liegen in der Gemeinde Schönau am Königssee in unmittelbarer
Nähe zu diesem. Somit befinden sich der

Ausgangspunkt zahlreicher Wanderungen und zwanglose Erholungsmöglichkeiten in direkter Nähe. Auch als Gast eines Campingplatzes sind Sie Besitzer einer Gästekarte und erhalten so in fast allen Sehenswürdigkeiten und Attraktionen einen Rabatt. Eine weitere Unterkunft, vor allem auch für Wintermonate praktischer als ein Campingplatz, ist die Jugendherberge Berchtesgaden im Ortsteil Strub. Hier können Sie ab 23,90 Euro pro Person und Nacht inklusive des Frühstücks nächtigen. Vor allem für Familien gibt es in Jugendherbergen immer günstige Angebote, die sich lohnen. Denn auch die Lage der Jugendherberge ist äußerst vorteilhaft. Sowohl zu Fuß als auch mit dem Bus kommt man schnell ins Berchtesgadener Zentrum, aber auch für Ihr Auto sind Stellplätze an der Jugendherberge verfügbar. Ein einzigartiger Blick bietet sich zur Südseite hinaus in Richtung des Watzmann-Massivs und somit lässt sich gut und gern behaupten, dass Sie hier für wenig Geld die vermutlich schönste Aussicht auf das Wahrzeichen der Region erhalten.

Vor allem das schon ausführlich beschriebene Nationalparkzentrum Haus der Berge ist eine preisgünstige Alternative, wenn man bedenkt, für 3,50

Euro einen halben Tag voller Spannung und Erlebnisse zu verbringen.

Falls Sie auch kulinarisch auf einen kleinen Geldbeutel angewiesen sind, empfiehlt sich die Kührointalm am Fuße des Watzmanns auf 1.420 Metern. Hier müssen Sie zwar eine kleine Wanderung von eineinhalb Stunden unternehmen, jedoch wird diese mit frischem, regionalem und qualitativ hochwertigem Essen belohnt. Zudem sind die Preise hier sehr erschwinglich. Falls Sie etwas für den Abend suchen, sollten Sie die Pizzeria Roma aufsuchen. Hier bekommen Sie frisch und köstlich die günstigste Pizza für 6,50 Euro und haben für den Abend ein wunderschönes Ambiente.

Das absolute Plus an der Region Berchtesgadener Land sind jedoch nach wie vor die vielen Wanderwege im und um den Nationalpark, die für jeden kostenfrei und unbegrenzt benutzbar sind und Sie vor allem atemberaubende und faszinierende Momente erleben lassen.

Fazit

Abschließend lässt sich das Berchtesgadener Land also als perfekte Urlaubsregion herausarbeiten, egal, ob Sie auf entspannende Tage erpicht sind, sich für Geschichte interessieren, aufregende Attraktionen erleben oder sportlich aktiv werden wollen.

All diese Genres vereint das Berchtesgadener Land so gut wie keine andere Region. Sie lässt Sie zum Nachdenken kommen und versetzt Sie in bloßes Staunen, sie verwöhnt Sie mit kulinarischen Genüssen und traditionellen Speisen aus der Region und verändert Ihren Blick auf die Dinge mit sagenumwobenen Seen und einer imposanten wie beruhigenden Bergwelt.

Lassen Sie sich vom Berchtesgadener Land verzaubern, egal, zu welcher Jahreszeit!

Herstellung und Verlag:

BoD – Books on Demand, Norderstedt

ISBN: 9783751914741

1. Auflage

Kontakt: Psiana eCom UG/ Berumer Str. 44/ 26844 Jemgum

Covergestaltung: Fenna Larsson

Coverfoto: depositphotos.com